JN439139

네가 봄이라 말하면

네가 봄이라
말하면

이종란 시집

세종출판사

●●● 시인의 말

나를 재촉하던 무게에서 조금은 놓여난 시각

시선 가는 곳마다 시가 있었다.
무거운 일상을 분담해주던 시 쓰기

미약하지만
진실한 시의 힘을 길러
10g의 소금처럼 의미로운 삶을 살고 싶다

소소한 졸시집으로
시를 쓰는 사람으로 작은 매듭 하나 짓는다.

여름 끝자락에서
이 종 란

차례

제2부
질경이, 바람으로 견뎠다

제3부

네가 봄이라 말하면

제4부
랩소디 인 가을

제5부
소소한 하루 詩

제1부

오후 네 시

술. 약. 불

독한 첫 잔은 약이다
홀빈한 등짝에 불이 붙어
오히려 활화산처럼 후련하다
참 독한 약, 참 시원한 불
뱃속 깊은 곳에서
빈 슬픔이 차오른다

독도 약도 되지 않는 그저 그런 삶
그래도 견디기 힘든 순간은 있어
마시지도 토하지도 못한다
하마 삭았을까
꺼내어 놓으면 심장 저 아래가 쓰리다
술은 나 대신 울다가 울다가

가슴 밑바닥까지 바싹거리다가
이런저런 감정들 드레질을 해보다가
끝내는 한 몸이 되고 만다
술 같은 물, 약 같은 술
너로 하여 나 살 수 있었다.

나무심장 아이

가슴팍 넘나들며 펄떡거리는 숨길
왜 두근거림이 없는지
태어날 때부터 나무로 만들어진 내 심장
통증 없는 우울, 찔러도 눈물 나지 않을 몸뚱이
내가 나를 속이려는 건지
내가 내게 속으려는 건지

팔딱이지 않는다고 사랑을 모를까
눈 깜빡이지 않는다고 네 심장을 못 들을까
거짓의 진실이 진짜 내 심장인데

저 홀로 팔랑이던 떡갈나무
죽은 듯 살아있는 달빛 품어 나를 잉태했지
좀처럼 열어지지 않는 블루가 미친 듯이 깔리는 날
달 끝에 구원이라는 제목 걸어 빌면
내가 누군지 부디 길 잃지 않기를
나무심장으로 그 해답 전해져 올까

정오의 그늘

말캉한 햇살
굽어가는 어깨 위에 잠시 내리더니
어제까지 꽃 피웠던
정오의 나무 그림자 속으로 비벼든다
짧았지만
화려하게 태웠지
발끝 모아 넣고
거짓 없는 숨소리 나눈
좁고도 환한 그 간격에 가슴 뛰었지
그림자는 두근거리며 시간 끝을 찌르고
내 몸은 통째 바람에 쓸려 부서지고 있다

한순간의 정직해질 긴 시간
머리 위에 나의 시간

물속에서 울다

된여울 속으로 숨어든다
당찬 물살에 나를 맡기면
내 푸른 눈물 잘게 잘게 부서져
아무도 보지 못할 거야
물속에 소리 재워 살몃살몃 울면
내 눈물 아무도 듣지 못할 거야
젖은 심장 한 곳을 깊게 파서
남몰래 숨어든 동굴
빈한한 내 등짝
마음껏 들썩이게 해야지
아픈 곳 쓰린 곳 무단히 지나는 이여
행여 서러운 뒷모습 보여도
향내 나는 손수건 건네지 말아요
그냥 못 본 척
살여울처럼 휑하니 내려가 버려요

건들장마도 끝물

무더위가 끝 간데 없던 올여름
고추는 붉은 함성 내지르고
옥수수는 알알이 바람까지 품는다

여우, 호랭이 시집 장가 몇 번씩 가는 날
동네 약국 앞
우리들의 늙은 어머니
바래고 상처 난 검은 우산 접지 못한다
애호박 몇 개 여윈 부추 깻잎 두어 봉다리가 소리친다
떨이요 어여들 푸성귀 들여가요 우리 어머니 무르팍 펴시게

마루 끝에 걸터앉아 채소 다듬던 우리 어머니처럼
까슬한 호박잎 억센 줄기
그 끝을 잡고 훑고 어르고 달래며
까칠한 나도 훑어보고

처서는 낼 모래고
건들장마도 끝물이다

오후 네 시

지금, 계절은 오후 네 시
뜨겁게 들썩이던 레게리듬이 낮아져 가면
여기저기 한눈팔며 느린 눈빛으로 걷고 싶다
해바라기, 햇살 안고 무른 자리
수직으로 눈빛 떨구어 빼곡한 눈물 머금는다
흩어지는 가을색 아래 무안해지는 정오의 햇살
흰머리 성성한 이발소 액자로 피어나고

어느덧 나도
오후 네 시쯤이 되어
복숭아 뺨도 입술도 말수를 줄이고 있다
두근두근 꽃피는 봄도 좋더라만
훨훨 가벼워지는 지금도 그리 나쁘지는 않아
지친 꽃이 끝숨으로 향내를 내뱉고
변절한 갈대가 곳곳을 애무해도
쉬, 뜨거워지지 않는 시각
갈대의 변심, 조금도 야속하지 않아
꺾이지 않을 만큼만 제 속을 비워
가장 멋진 모습으로 흔들리는
저 영악함이 너무 사랑스러워

오후 네 시의 그대는
붉고 뜨겁지 않아서
눈이 부시지 않아서 더 눈부시다는 것을

기억, 향으로 달려오는

삐뚤빼뚤 들쭉날쭉
네 첫 글은 향나무 연필에서 비롯되었다
우리네 삶이 뾰쪽하리란 것을 미리 알았던 것일까
연필 끝에 온 힘을 싣고 매달리던 아이
사각사각 그저 열심히 걸어가면 된단다
향나무 연필 깎는 소리로
아버지는 말없이 응원하셨다

가슴속에 돋을새김으로 남은 그 깊은 시간
오늘 손끝 향내 밴 염주로 돌려본다
한 알 한 알 그리움으로 뱅글거리는 아버지

그리운 것들은 세월과 더불어 되살아나는데
까마득한 기억들을 저만큼 제치고
가장 먼저 달려오는 것은 아련한 향내였다

그 빛, 여름 넘어 가을에

툭, 뙤약볕 한가운데 떨어진 가을
홍로 사과 익히기엔 제격이지
반짝이는 저 볼 혼자 붉어진 건 아니지
속살 익힌 세포들 무언의 말 쏟아내네
제 꼬리 잘라 여름 닫아야 가을볕 기웃거리지
아직도 정수리엔 갈무리해야 할 사연 남아 있어

뜨겁더라도 따갑더라도 마지막 그 빛 채워야지
이제 감사로 마주할 들녘의 시각
마음껏 달군 희열과 아픔
머리와 가슴에 쟁여
너는 탐스런 한 알로 내게로 왔다

낮은 담으로

- 능소화

담 곁을 맴도는 얼굴
그리움 가득 나팔에 담고
하늘 끝 닿게 불어봅니다

분내 나는 단장은 하지 않으렵니다
소리 내지 못하는 나의 악기엔
님 그림자만 속절없이 뒤척입니다
저 달빛 걷어내면
한 달음에 다가올까요, 그대

비를 건너
해를 넘어
여름 업고 견뎌온 나는 이제
뜨겁게 가라앉은 가슴 풀고
흙으로 돌로 물로 바람으로
마알간 길을 내어야겠어요
그렇게 또 세월 보내면
낮은 담으로 남을 수 있겠지요

시월 운곡서원

골마다 구름 머무는 이곳은
처마 끝 풍경의 발악도 황금빛으로 번진다
우듬지를 지키는 가을빛 홍시는
낮은 담을 기웃거리고

가을볕, 온전히 쏟아질 시각은 언젠지
그 끝가지는 어디를 향하고 있는지
어떤 조우를 갈망하기에
가슴 가득 등불을 달고 뻗어가는지

발끝에 힘을 넣어 한 계단 한 계단
갈잎소리 더듬으며 오른다

즈문 세월에 닮은 수막새
은행잎 두드리는 빗소리 틈새로
유생들의 글 읽는 소리 기억될 것이다
차 달이는 아궁이에선
제 할 일을 마친 마른 잎들 적막한 향내 쌉싸름히 피우며
헛헛해지는 가슴 붙잡고 있다
나, 끝없이 여기를 도닐리라*

* 가장자리를 빙빙 돌아다니다.

이별하기 참 좋다

서걱이는 가을날엔 이별하기 참 좋다
두 손에 빼곡하던 계절 놓아 버리고
마른 손, 낙엽처럼 펄럭인다
저마다 색색깔 품은 사연들
변명이 아닌 운명에 실려
손 흔들며 날아간다

이별할 때는
소리 없이 우는 가을비가 제격이지
그저 낮은 몸짓으로
차갑게 식어가는 보도와 어깨 나누면 그만이지
이제, 물기도 습기도 소용없어진
버스럭거리는 가을잎
예약된 헤어짐에 마침표를 찍는데

가을비에 씻긴 허공조차
내 망막에 투명하게 맺히는 죽지 않는 주검 하나

찬바람이 좋은 날

찬바람이 칼날을 세우는 날
깊어가는 물소리 숨기는 강을 따라나선다

내 목 언저리에 걸린 겨울은
멋쩍은 기침으로 낯선 떨림으로
아는 척 강에게 다가간다

시간을 감아 묶은 물이끼
해묵은 때처럼 익숙한 몸짓으로
팬 곳 메꾸며 계절을 갈무리할 때쯤
얼음꽃은 피고 지고
어제의 기억도 가물가물한
나는 웃고 울고

찬바람, 세상 눈짓에 목매는 나를 식히는
심장까지 몰아치는 찬바람 부는 날이면
나는 순순히 강을 따라나선다

그날, 12월 12일

긴 터널 같은 어둠이 잠식해버렸다 일 년에 한 번 아버지 뵈러 가는 길, 두고 가신 어린 딸 반겨 꽃길 깔아두지도 않으시고 얼음비로 마중 나오신 내 아버지, 일찌감치 궂은 비 안겨주시며 가슴에 굳은살 박아 강한 사람 되라는 큰 그림 그리신 걸까

밀양강 꽁꽁 얼어붙던 1984년 12월 12일 그날, 서러운 산을 세워두고 돌아섰던 모퉁이가 낯설다 아버지 숙면할 땅 몇 치 되지도 않았는데 언땅 매만지는 일꾼들 손이 부르트고 무심한 아버진 고향 찾아 흙길로 돌아가셨지 겨울길 달려온 까마귀, 검은옷 덜썩이며 상주 노릇 톡톡히 했다 제 아비도 아닌데 그다지도 서럽게 울어대던지 어린 나도 새 따라 하염없이 울었다

선산 밑에 흰 천막 두르고 껴입은 옷 올올이 겨울볕 가두어도 가리지 못하는 서러움, 뜨거운 시락국 한 술 힘겹게 뜨시던 어머니, 그 시린 국물, 지아비를 여읜 슬픔보다 못다 한 병수발에 여운이 남아 속을 타고 아쉬움의 길을 내었다 그해 겨울은 그리 서럽게 졌다

오늘 당신 뵈러 가는 길, 된서리 헤쳐 조심조심 살얼음길 혼자 걷는 이 길, 서럽고 캄캄해도 걸을 만한 것은 12월의 아버지가 함께하심이다 아직도 아버지의 발을 기억하는 막내 딸도 그날의 당신만큼 나이 들어가고 그 굳은 발가락 닮아 단단한 길 걷고 있다

비로 오는 너

머흘머흘 먹구름 안고
곧, 호우로 쏟아져 내릴 고단함
마중길 나선다
그 비
그 발자국
내 귀로 너를 보고
내 눈으로 너를 듣는다
뜨거운 차를 준비할게
후드득 후드득 가쁜 입김 몰아쉬며
그가 온다
그가 온다
마침 차가 식지 않았어
옹쳐 묶은 끈 풀어놓듯
촘촘했던 하루가 풀리는 시간
빗줄기 수직으로 내리꽂혀
눈뜨는 꽃들 생채기가 나도
조금만 조금만 아파하렴
그리움 쏟아내는 법이 서툴러 그러니깐
벌써 서편 하늘이 환해지고 있어

바람 속에 점 하나

척박한 땅으로 살았다
풀 한 포기 꽃 한 송이 어림도 없었다
해당화를 꽃 피울 생각 더더욱 없었다
홍잣빛 미소를 흠모하는 이 좀 많았을까
남의 땅에 핀 꽃 좋아 보이긴 했다
마음 연 적은 없지만
꽃 들어앉지 말라는 법 없지

눈먼 씨앗, 바람에 점 하나 찍었다
굳이 내 닫힌 문을 열고
살그니 들어온 밉지 않은 심보
먼발치에서 던지는 약한 시선을 붙잡고
꽃을 피울 줄은 몰랐다
막상 꽃 앞에 서니
예쁘다 사랑스럽다
그 마음 들킬까 움츠러든다
쩍쩍 갈라진 내 가슴 탓에
그리움 촉촉한 바닷가 어디쯤을 헤맸을까
무릇 해당화는 바다가 보이는 언덕이 제격이지
해풍이 쏟아내는 통속적인 이야기에 흔들리지 마라
꽁꽁 싸매두었던 나의 시간들
훌훌 벗어 바람 속에 심는다

제2부

질경이, 바람으로 견뎠다

숨표 하나

장생포 앞바다에 닻을 내린 윤슬
갯바위 사이를 뚫고
으스름을 몰고 왔을까
낯빛 변한 바다의 속된 언약
어제 내 등 뒤에서 빛나던
약지 손가락 반지 같아
포구의 변심은 냉랭한 오늘이지

너의 반짝임과 나의 바탕은
물색부터 다른 것
네가 물이 되어 가까워오면
물빛은 줄어들어 바래어지지
더 다가가면 식어서 차가워져서
데울 수 없는 그릇으로 너를 안지도 못해

우리는 달라서 채우려는 건지
달라서 더 시간이 필요한 건지

血같은 실을 뽑아

모래알이 쩍쩍 갈라지고
숨찬 태양도 흐늘흐늘 걸음이 풀린다
그곳 그 시간, 뫼르소*가 그랬을까
현기증 황홀해지면
마음껏 흔들리는 시야

갓 잡아 꺼낸 오후 두 시
팔 아픈 물레로 血같은 실을 뽑아
한 올 한 올 뜨개질한다
다시 올 겨울
포시라운 무릎담요 한 장을 위해

시건장치 제대로 풀렸던
어제를 떠올리는 날
'그땐 다 그렇게 뜨거웠지'

* 까뮈, 【이방인】 주인공

장맛비가 왔다

조금씩 각도를 넓히며 돌아눕는 계절
비탈진 등허리를 타고
장맛비가 왔다
줄어들지 않는 그 소리
아려서 아려서
여윈잠만 키운다

젖은 어둠을 찌르는 그리움
갇힌 울음 한 줄기 한 줄기 심장으로 맞는다

힘들었던 순간들
짧고 야무진 작달비처럼 지나갔으면
이 밤 끝나면
치유로 돋아날 갠 하늘 위해
지리한 장맛비, 어서 잠들어주었으면

살아가는, 견디어가는

외로움이라는 건 나쁜 운을 끌어오지
무언가를 죽도록 미워하든, 죽도록 사랑하든
철저히 자신만을 사랑하든, 차라리 나쁜 사랑을 하든
지나고 보면 늘 나쁜 운을 불렀던 것 같아

외로움이라는 파란실을 손목에 묶고 태어난 아이처럼
원초적 미움을 만들고
악의 씨앗을 키우기도 하지
어쩌면 혼자만의 세상에서
몸 떨리는 사무침을 견디는 방법일지도 몰라

외로움은 원수를 만들곤 하지
그런데 말이야
우린 외로움이라는 우물 속에서
늘 혼자 목말라야 하지
입만 달싹이면 적실 수 있지만
결코 그렇게 하진 않아
불행이란 거사에 핑계대기 좋으니까

마주 앉은 철학 하나

덜 여문 어둠이 문을 열고 들어와 텔레비전을 켠다 저녁에는 뭘 먹나 제주바다 유영하던 힘찬 대방어 짠물 튕기며 화면을 뛰쳐나온다 횡성한우 블링블링 선홍빛 참숯 위에 등지지고 누웠다 텔레비전 앞에 밥상 펴고 앉는 빈한한 내 저녁식사, 저 잘났다고 머리 쳐든 팔도의 음식들이 달려온다 그 옛날 자린고비 잘 차려진 밥상 한 번 보고 밥 한 술, 나는 펄떡거리는 화면 한 번 보고 한 술

어느새 열린 마음 틈새로 과분한 철학이 들어와 앉는다 사람은 무엇으로 사는가 부른 배를 퉁퉁 두들겨도 가슴은 허하다 그 넓고 깊은 허기짐과 눈을 맞추는 시간, 밥으로 채워지지 않는 먼 공간, 사람은 그 흔하디흔한 사랑으로 산다 진수성찬으로 배부른 나는 시집을 뒤적이다가 오래된 소설을 뒤적이다가 끝내는 휴대폰으로 그리운 이들을 만나러 떠난다 프로필 사진도 보고 SNS에서 그들의 근황도 엿본다 내 저녁 루틴으로 자리잡는 일상, 보지 않아도 안지 않아도 그저 바라만 보는 것으로 배부른 사랑이다

온종일, 꿈

앉은뱅이 꽃모종 낮은 담을 골라 심었다
평온한 뒤척임으로 아침은 열려
들창 너머로, 숙면한 바다가 들어온다
이슬 품은 우주 단숨에 들이켜진 말고
아껴서 천천히 별을 따듯 한 모금씩

늘려있는 먹을거리
먹을 만큼만 가져다
호기심 모아 쥔 조막손으로 오물조물 무쳐볼까
저만큼 멀어진 쌉싸름한 상춧잎을 거둘까
물고기 잡으러 콧바람을 모아볼까

오래 오래전
누군가의 숨결 살아나는
아, 개다리소반 넘치는 한상차림
그리운 이 기다리는 절절함에 숟가락 드는 팔은 무너지고

개똥벌레 꽁무니 쫓다가
서쪽에 걸친 은하수 거두어
심지 곧은 누룩으로

술을 담그리
제비꽃 화관 쓰고 권태를 벗은 그녀에게
별빛 잠잠히 가라앉은 술을 권하리

사랑하는 그대
오늘도 나 안녕하다오

천천히 느긋이

- 베이비부머들에게

가난을 입에 물고 태어났지
몽당연필로 꿈을 써가고
대 물려 입던 옷으로 바람을 막았지
아낄 것도 없던 시절 절약만이 미덕이었지
죽으나 사나 잘사는 나라를 향해 이 악물었던 날들
우리의 위도와 경도는 개발도상국을 맴돌았지만
로켓 타고 별 타고 성공을 이루었어

마지막 베이비붐 세대의 형과 언니들
무대 조명은 점점 낮아지고
이젠 커튼콜이 필요한 때
그들만의 리그로 또 다른 세상을 시작해야지
엘리베이터는 어지러워
천천히 느긋이 가는 길, 비상구를 찾아야지
굵은 눈물 햇볕에 말리며
수고한 등 맞대어 평온한 이모작 준비해야지

하늘바라기

겨울하늘 쨍한 만큼 시리다
가만히 햇살 풀어놓는 그곳은
어떤 색도 품을 넉넉한 바탕으로 떠있다
목이 아프도록 넋 놓고 올려다보면
훅 내 안으로 와락 파고든다

어느새 하늘은 가장 가까이 내려
사방으로 흩어지는 내 시선 모두 붙잡아준다
헐벗을 때 한껏 맑아지는 저 하늘처럼
외로울 때 더 또렷해지는 우리들의 실루엣
약한 모습은 서툰 치장으로 사악해지지
마주 보고 분단장하며 지워볼까
어찌해도 좋은 날

죽어도 좋을 만큼 푸르른 날
발가벗어서 편한 내 발걸음

노승의 봄

바다는 한가로이 꿈을 머금고
해수관세음보살 자애로이 가로눈 뜬다
정적을 허무는 낡은 트럭소리
절집 안은 금세 소란스럽다
하릴없이 뒹굴던 누렁이와 흰둥이
펄쩍펄쩍 박 보살 부부 품 밀어 안겨든다

겨우내 갯바람 들바람 맞서던 닳은 문을 밀고
스님은 복사꽃 미소로 달려 나온다
처사님요 웬일인교? 시간이 있던 모양이지요
스님, 봄나무 좀 심을라꼬예
고맙대이 고맙대이

봄살 포근히 내려앉는 마당
절간 밥 먹을 만큼 먹은 목련은
저승꽃 만개한 얼굴을 한 뼘 그늘로 가려준다
붉은 흙발 채 털지 못한 어린 산수유
몽글몽글 꽃잎 달고 남의 집살이 들었다

보살들아 내 늙어빠져도 꽃 피니 좋다 눈이 좋고 마음이 좋다

꽃이 피고 져야 열매가 맺히는 법이지
내는 꽃이 만발한 날 갈 끼다
내 갈 날은 봄이 좋다
입말 중얼거리는 스님
야윈 등을 점잖은 목련에 기대어
해수관세음보살과 눈맞춤하는
무르익는 오늘 봄날

익어간다, 빗소리

오란비가 권태로워지는 오후
겉잎 몇 장 떼 낸 옥수수 냄비 위에 올린다
소금 한 술 설탕 두 술 무심히 던져놓고
뉴슈가 없이 어머니가 쪄주신 그 맛이 날는지

또닥또닥 빗소리가 익히는 옥수수
풀색 냄새, 가슴팍 살냄새
뭉근한 그리움이 기웃거린다
살강 위에서 어머니 대신
찐감자와 옥수수가 나를 기다려주던
구수한 그 냄새에 왈칵 그리워지는 어머니
옥수수 몇 알, 입맛 잃은 세상에 굴리면
어두침침한 잇속으로 단내는 터질까

열린 창을 휘감는 시폰 커튼
어설픈 왈츠로 빙글뱅글 돌면
저 혼자 멜랑콜리에 빠져들던 라디오 노랫소리
빗낱에 숨는다

이제 들창은 내려야지
오래된 내 그리움도 그만 닫아야지

하늘을 이고 걷다가

나를 벗고서 걷고 또 걷다가
하늘 파고든 겨울 나뭇가지에 눈 맞춘다
햇살로 잇고 바람으로 붙인 조각보 펼쳐
지친 다리 덮어본다
온전치 못하고 흐트러져도
나뭇가지는 색색의 하늘을 모은다
하늘, 언제나 푸르면 재미없지
잔뜩 흐려 아늑했던 날
컴컴해서 깊어졌던 날
이고 지고 걷다 보니
세월은 다시 깜빡 깜빡 충전이 된다

등대를 찾아가는 법

숨긴 그림 속 더듬고 더듬어
등대를 찾아가는 법
아스라한 저 빛은 더 멀리 더 멀리 손 뻗어
더딘 내 걸음 기다리고 있지
삶은 꺼지지 않고 반짝이는 우리들의 '그곳'
결코 회항은 없지
기울어진 무릎 곧추세워
저어가는 하루하루
의지도 때론 습관이 되지
저기 마침내 내가 보인다

질경이, 바람으로 견뎠다

저녁놀처럼 굽은 등이 물결져오면
내 안에 묵어 얽힌 것들
살살이 풀어놓지
녹록치 않은 바람
포기마다 엮으며 견뎌온 시간들

헤매다 부르다
두고 간 빈 들길
소리 숨긴 널
허리 굽혀 안곤 했지

오가는 무수한 발들
잔인해서 더 깊이 품었다
밟힘도 발자국도 시원하다고
내가 힘들면 나를 치받으라고
나 지치면 네게 안길 거라고
죽을 듯 가슴이 아파와도
가만 가만 낮게 더 낮게

담담한 민낯으로
내일이면 다시 눈 홉뜨고
어제 그 자리 또다시 지키고 있지

어깨는 기울어도

늙은 살피같은
오후 다섯 시 무렵 겨울햇살
내 머리칼 사이로 올올 숨어든다
기우는 어깨, 하필이면
내 언저리를 맴돌아
눈으로 보지 않아도
손금처럼 보이는 세월
가만히 새끼손가락 넣어
까맣던 귀밑머리 시간 더듬으며
무심한 입말을 보낸다
그렇지만 오늘도 아름답다, 너

겨울산, 후각으로 넘다

유유한 걸음으로 산을 타던 안개
멈칫멈칫 지장암을 넘어서지 못한다
보이지도 잡히지도 않는 는개비
어느 틈에 속살까지 파고들어
잃어버린 길
후각으로 속살거려 찾아준다
메타세쿼이아 막다른 길
마구 엄살을 떨지만
겨울산은 오르고 볼 일이다
보이지 않는 꽃의 줄기라는 그것
겨우내 공양간을 지킨 무청시래기 같은

꽃의 영광은 안개가 능선을 기어올라야 되살아나지

제3부

네가 봄이라 말하면

수각(水閣)* 안에 봄

봄은 절 마당 깊숙이 들어앉는다 물허벅, 하늘 향한 고드름의 전설 이미 지난 일로 물비늘 띄우고 요사채 디딤돌 아래 흰민들레 입 다문 채 절간 공기를 살핀다 얼마만큼 깊은지 알 수 없는 골짜기를 돌고 돌아온 단물 한 모금, 내 입 헹궈 세상에게 퍼부었던 부끄러운 저주를 씻어본다 하늘 한 번 올려다보고 땅 한 번 내려다보며 지은 죄 쪼르르 흘려보낸다 그리고 수각 안에 고인 너를 다시 생각해낸다 억겁의 시간이 그루잠처럼 인연 타래 묶었지 굳은 발 아래 기죽지 않는 물, 가시눈길 여전하겠지만 그래도 자비와 인내로 또 흘러가야 할 시간이 남았다

* 수각: 물이 머물렀다 쪼르르 흘러내리는 돌그릇. 사찰이나 서원 등에서 볼 수 있음.

숭숭, 法 구멍

- 드라마 '비질란테'*를 감상

자물쇠로 여미어도 된바람 다 막을 순 없어

칼도 총도 없어도 잘도 속이고 숨기는 악한 분들
턱 밑에 총을 댄 전쟁, 타인의 주검 앞에서도 철판이 되지
우린 스스로를 지키려 반란을 감행하지
누이의 치맛단도 지키고 내 발밑 벼랑도 눈치채야 하지

법 지키는 일이 날 지키는 일보다 중할까 경할까
스스로 지켜내야 하는 세상 속 나
돌도끼 원시시대인가
폭력과 암흑을 몸으로 감당해야 한다면
나는 쌍수 들고 거부할 것이다

정의의 여신이여
품 안에 든 법전을 펼쳐 호탕하게 읽어주지 않을래
무법한 넘들 천칭에 올려 죄의 무게 달아주지 않을래
황금면류관 벗기고 가시면류관을 씌워야지

녹슨 방패 무디어진 칼날, 눈빛으로 벼리어
우리의 자경단은 그렇게 길 위에 섰다

제 발등을 찧고
스스로를 결박해도 지켜내야 하는 것

신이여
정의와 보호가 그들에게 내리기를

* 비질란테(자경단) : 지역 주민들이 도난이나 화재 따위의 재난에 대비하고 스스로를 지키기 위하여 조직한 민간단체.

누에잠에서 깨어난

피었다 지는 꽃처럼 졌다 피어나는 꽃처럼
사랑은 익숙한 계절처럼 다시 찾아드는 것
꽃불 같던 한때 어느 샌가 사그라져
너는 누에잠을 잤던 것

세 번째 사랑과 작별을
계절처럼 맞은 아들아
누에는 네 번 잠을 잔다지
그 평온한 네 번째 잠이 기대되지 않니

너의 청춘 무르익어
나이 오십 줄에 서면 사랑의 무게를 제대로 알 것 같으냐
지천명을 넘긴 엄마도 그걸 모르는 채
이렇게 세월을 지나고 있구나

사랑 그것은
물속에서도 목이 마르는 것
네 번째 누에잠을 꿈꿔보자꾸나

네가 봄이라 말하면

아른거리는 기억으로 걸어온다
그 옛날 어린 아들의 첫걸음마

아지랑이 같던 날 다신 없겠지만
내겐 언제나 봄날 같은 너
소소리바람 매섭다고 무릎담요 찾진 않아

냉동밥으로 삼각김밥으로
워킹맘을 핑계 삼아온 시간들
왕소금 한 줌 뿌린 듯 쓰린 가슴 여전한데

이른 봄에 움츠리는 여린 생명 되지 말기를
가만가만 눈길 주는 게 이제 내 몫이라는데
그래 네가 봄이라고 하면
화사한 미소 한 김 뿜어내면
그냥 봄이다

벚꽃 앓이

사월은
하나, 둘 꽃잎 떼어 날리며 울고
저만치 주춤 서서 갈 길을 잃고

짧은 봄 길게 길게 앓다가
허연 비늘 저리 서럽게 토하며
하늘마저 주저앉힌다

짧아서 잔인한 게 아니다
제대로 꽃을 못 본 사실이 잔인한 거다
바래어져 가는 시간 안고 흐르는
짓무른 흔적이 잔인한 거다
그러나 꽃대가리 없다고
잊혀질 그가 아니다

손바닥 안 세상

겉매무새 단단히 보인다고
앞뒤 얼굴 다른 세상 알 만큼 안다 싶은가
잠깐 스치는 오만은 성현 말씀에 묻어두고
다시 되짚고 묵묵히 가야 할 사람의 길

천 갈래 만 갈래 짧고도 넓은 손바닥 안
물길, 불길 쥐었다 폈다 살아온 길
군자불기(君子不器) 그 귀한 글귀 다시 새긴다
고정된 그릇처럼 한 곳에 속하지 말고
두루두루 세상에 어울리며
번지어 탁하지 않게
눌어붙지 않을 성정으로 살 수 있다면
세찬 칼바람 손등으로 덮으며
멈추지 않는 심장으로 길을 낼 수 있다면

주절거리다, 짧은 봄

미술관 앞에 비스듬히 깔리는 오후
햇살은 주춤, 바람은 기웃기웃
아스팔트가 내미는 훈풍에 눈 치어뜨는 시든 마음들

미술관 앞 건널목을 지키는
베고니아 재재거리는 찻집
이 사거리가 세상을 여닫는 열쇠인 줄 알지
넓은 문 말고 좁은 길로
앙가슴 가로질러 꽂은 잣대로
주제넘게 예술을 가늠하려 쭈뼛거린다

오후 네 시쯤의 시간은
햇살도 바람도 나도 다 함께 녹록해지지
뛰어본 지 오랜 심장
와인잔에 담아 두근두근 디캔딩*이라도 하면
봄 앞에서, 나 비슷한 온도로 행복한지
햇살 아래서 뼈 시리지 않는지 가늠이 될까

미술관 건널목을 다 지날 때까지
나는 짧은 봄을 주절거리고 있었다

* 순수 와인과 침전물을 분리하는 작업

프리즘을 통과하며

용하다는 점쟁이가 이제 내게 호랑이 기운이 깃들일 거라 한다 유난히 작은 내 조막손에 변변한 세상 한 자락 담아볼까나 휘어지고 굴절된 지난날 일으켜 세워 오진 빛으로 큰 사고 한 번 치려나 보다 설마 습기 찬 햇살만이 내 프리즘을 지나갈까 지나온 길 많이도 아팠다 그래서 더디 자랐을까 축축했던 시간들 가슬가슬 말라 한 알 한 알 빛으로 아롱거린다 청춘만 아픈 것이 아니었다 사람은 다 아픈 것, 유독 나만 많이 아파서 발톱을 갈아댔을까 호랑이 기운 서광처럼 품고 꺼지지 않는 꿈길을 홀로 걷는다

살맛나다

침조차 고이지 않는 삶은
기름진 것에 자주 마음을 뺏긴다

제철 방어,
기름 오른 뱃살이
하루를 곧추세운다
날것이 주는 에너지는
질근질근 움칠움칠
엎어지려는 내일도 살려내지
살 맛 제대로 감겨오지

물컹거리는 저 방어는
바다 밖 오늘을 알았을까
굽어가는 내 기억들
자꾸만 뒤로 걷는 생각들
뭍으로 오른 방어와 함께
사라진 어제 같은 지느러미 흔들며 바다로 간다

막다른 길, 끝은 아니다
허술히 끈만 놓지 않는다면

숨 쉬는 것이 목적이 아니라면
바다도 육지도 알지 못하면서
풍덩 덤벼들기만 했던 순간들
마지막 비늘이 말라가도
기억할 그것은
바다를 향해 펄떡이는 나

작별, 선물로 오다

그 밤,
그는 흔들리는 길에 오롯이 남았다

가슴속 날 선 바람 원 없이 안아본 우리여서
꼭 잡은 손 모래알처럼 흘려보낸 적 숱해서
채우며 사랑하며 보듬을 줄 알았지

너는 나의 불행한 꿈이었다

보낸 시간들 꿰어 면면한 사유(事由)를 새겨보지만
금세 그렁해지는 눈물조차 속절없어

이제
우리의 별자리도 달이 머무는 자리도 낯설어졌다
잊어가고 잃어가는 연습은 해도 해도 모자라
응원하는 마음 하나 선물로 묻어둔다

가을은 작별을 선물하기에 가장 근사하지
자연스레 그때가 왔다 간 것일 뿐

낙엽 한 잎

떨어지는 것들은
소리를 토해내야 하지
무슨 연유로
속으로 속으로만 삭이는지
바람이여, 너는
숲만 맴돌지 말고 마지막 눈빛으로 남은 숨결 하나
무심한 곁눈질로 지나치지 말기를
외마디 발악조차 거부하며 살아온 잎새 하나
한 번쯤 눈 맞추고 지나가기를

밤 벚꽃 달빛을 타고

밤 벚꽃은
체리 블러썸이라 불러야 제맛이지
달빛을 타고 고양이 걸음으로 오면
무뎌진 척
다 잊은 척 돌아누워도
끝내 겨드랑이 간질거려

성성한 봄밤으로 엮은 기억
잠들지 않고 서성이는 건
빠져나가지 못하는 그리움이지

청춘 블러썸
지나고 나면 찬란했었다고 믿지, 그 시간들
또 다른 기억 해마다 덧입혀
새로이 앓아가야지, 귀한 시절병

날개 속 시그널

흔적은 날개 속에 감춘 채
새소리 하나만 남겨두었다
두두 두 두두
내 정수리를 딛고 서서
모스부호 같은 시그널을 보낸다

나는 지금
좀처럼 바뀌지 않는 황색신호등 앞에 서 있다
여전히 주저하는 발걸음, 몹시도 긴 찰나
어지러운 사선 위로 신호를 보내줄
너를 찾는다

너의 날개는 망설임 없는데
두두 두두두 두
내게 전하는 목마른 메시지는 무엇인지
난수표 남발은 그만
이제 날개 속 흔적을 날려줘

그렇게 가렴

그 꽃에 무심해진 바람
꽃은 그저 마른 흙바닥에 두 발 비빌 뿐

건들건들 연풍에도 녹이 슬어버린 풍향계
이젠 어디서 불어오든 어디로 불어가든
그냥 날개 접고 있을 거야
그러다 마구 껴안고 싶은 누군가를 만날 거야

남실바람에도 살을 베이는 그깟 사랑
생채기가 길을 내는 잎과 잎 사이
더 아프게 헤집으면 바람길 날까
바람이 꽃을 지나도 꽃이 바람을 지나도
눈물 한 점 뒤돌아보지 않는
참 근사한 그 길

소문들

부웅 부웅 맥없이 비벼대는 날갯소리
귓전을 어지럽혀도
난 내게만 집중하지
가슴 속에 파놓은 우물에
깊이 깊이 고개를 드밀어보지
조각바람 한 점 일지 않는 수면
내 삶의 소리
나, 살아있음을 일깨워주지

습기 없는 우물
나를 비출 순 없어
건조한 빛이 내 우물을 마르게 하지
아니 땐 굴뚝에도 연기 나는 소리들
한없는 파문으로 번지고
그나마 귀가 두꺼운 나는
뿌리 없는 바람들
내 우물로 끌어안을 수 있지

제4부

랩소디 인 가을

그 10g으로

시월 하늘 가만히 녹여
허공에서 살던 이슬방울 가득 모은다
말린 국화 꽃잎 나붓이 띄우면
동동거리던 일상은 걸음을 풀고
세상을 허우적거리는 나를 비춘다
아집처럼 움켜쥔 이파리
한 잎씩 펼쳐지면
캄캄한 내 안에도 불이 켜진다

바람 속을 나부끼던 사랑들
죽도록 미치도록 퍼붓고 돌아와
아직 남아있는
그 온도만큼의 찻물에
어쩔 수 없는 내 눈물
10g만 띄워본다
가을 향은 당분간 식지 않으리
혓바닥은 한동안 바스락거리지 않으리

노을, 붉은여우 꼬리 같은

해거름 들창으로
갈바람 한 점 묻힌 놀
마닐마닐 들어앉는다
알면서도 속아주고 속으면서도 밉지 않던
붉은여우 그 앙큼한 꼬리처럼
싸늘히 저문 찻잔은
발칙한 그 빛에 다시 데워지고
말을 머금은 입술이 찻잔을 훑는다
가슴을 터뜨리는 붉은 것들
잠시 현기증이 몰려온다
아련한 건지
서글픈 건지

이제 여우도 늑대도 시들해진
젊음의 끝자락에서
붉은여우 꼬리 같은 내 기억들
슬그머니 모습을 감춘다

노을 다음날은 화창하다고 했지

소리바다 슬도

그날 그때 그곳
불빛을 지키던 등대는
기꺼이 소리지킴이가 되어
슬도를 내 품에 안겨주었다

바람 멈추는 소릴 들었니
들었으면 파도여
그대로 그 숨결로 멈춰서라
물들 수밖에 없는 하늘의 시간
기꺼이 눈시울 붉혀줄게
바다는 하늘과 함께였다

오늘 나 느닷없이 그곳을 찾으면
슬도 너머 항구
그 어디쯤에서 멈추었던 바람
갯바위에 제 몸 마음껏 으스러뜨려
그때 그 노랫가락 마구 뿌려놓을까

랩소디 인 가을

가을비 내리지 말지
내리다 그냥 허공이 되어버리지
자동차 보닛 위에 떨구는 이별 하나
빗줄기 가닥 가닥 각인되어 있지
가을비 이제 더는 추적이지 말지
유리창은 읽을 수 없는 점글자만 흘려쓰고
이파리 하나 끝내 내리지 못한다
가슴끝에 닿는 건
빗방울 따라 오르내리는 그리움

차라리 가을 오지 말지
기억나지 않는 것들
굳이 끄집어내는 아집스런 시간

따로 또 같이

장애인 체전에서 금메달 두 개를 획득한 K
땀향내 가득한 소식을 은행잎 끝에 매달아 보내왔다
“칭찬으로 캐러멜 마키아토 한 잔 사주세요”
번쩍이는 소식을 보낼 때가 기껏 나인가

외로움이란 이 한 음절짜리 기막힌 속내
밥상머리 마주할 사람 있어도
기다리는 일밖에 할 수 없는 우린
전염병 같은 파동으로 몸살을 한다

가을은 시린 계절 홀로 즐기는 걸로 하자
완성되지 못한 기억 애써 퍼즐로 맞추지 말자
차오르는 숨 가까스로 고르면 다음 숨에 밸어질 지독한 그것

잠시 시집 같은 건 덮어두자
잠가둔 것들이 줄을 타고 전설처럼 쏟아져
눈물로 촌스런 편지를 쓰게 될 테니
시 한 줄 읽는다고 혼자가 둘이 되는 기적은 없다
따로 또 같이 앉은 버림받은 낙엽들
낱낱이 쓸어모아 커피와 내려보자
마주 잡은 손에서 하나 되는 외로움이라는 그 멋진 놈

너의 바다로

- 박제된 바다거북

마지막 한 줌 숨
허공에 가두었다
빈 동공을 떠다니는 바다
수초 속 기억 올올이 풀어낸다
물결 따라 흔들리던 본능
참고 누른 신음
메마른 숨비소리 가물거린다

거북아, 바다거북아
내 남은 숨 너에게 드릴게
네 천 년 숨결 내가 품을게

희부윰 유리 조명으론
내가 기대어 울
바래고 갈라진 등짝 메울 순 없다

걸어 잠근 두 눈에 눈물 한 방울 돌거든
그 눈물로 물길을 내어
빛나는 태양 끌고 너의 바다로 가자

그 밤을 돌아돌아

- 회야강回夜江 이야기

동편을 골라 초승달 돋았다
밤이 선명히 보이는 하늘 한가운데
서늘한 강물소리 감고 흐르는 달빛
눈새기꽃* 꺾인 마른 가지에 멈춰선다

밤을 돌아가는 강 곁에서
아이 재우는 자장가소리 참 염치도 없지
강 너머에 마음 든 홀어미
중천에 뜬 달 옷섶에 매달고
강물 소리 죽여서 품에 쓸어 담고
너울너울 돌배미강* 건넌다

밤을 건너 돌아오는 살얼음 길
젖은 치맛단에 얼어붙은 달빛이 설겅설겅 밟힌다

돌꼇잠*에 취한 아이는
서쪽 하늘 멀리 달 기울 때 까지
밤을 안고 돌아가는 물소리 따라 돈다

*눈새기꽃 : 복수초의 다른 이름
*돌배미강 : 회야강의 옛이름
*돌꼇잠 : 누운 자리에 자지 않고 빙빙 돌면서 자는 잠

살 속의 칼

입안에 고이는 단맛 삼키지 않고 어찌 배길까 에스키모인에겐 늑대 사냥법이 있다지 속내 감춘 날 선 칼을 먹음직한 고깃덩이 속에 숨겨 오가는 길목에 꽂아두지 눈 속 굶주린 늑대는 이게 웬 떡이냐 갈급한 혓바닥 꽁꽁 언 고깃덩이 핥아대다 고픈 속 달래기 무섭게 칼날에 베고 말았지 자신의 피를 달게 빨아 소녀의 초경 같은 피를 흰 눈 속에 쏟아놓지 그때까지도 피의 정체 알아채지 못한다면 더 깊이 몰두하게 될까 하늘이 몇 바퀴나 돌아야 알게 될까

삶은 밀림과 같아 고단함을 재우고 나면 허기가 몰려오고 이 고비만 넘기면 될까 희망고문으로 간신히 버텨내면 더 맹렬한 것들이 아가리를 벌리고 그래도 가끔은 단 것도 있어 하지만 깊이 탐닉하다 보면 꼭 피를 보고야 말지 뭐든 적당히 해야 한다는 엄마의 지청구도 중용을 논하시던 스승의 교훈도 단 것의 유혹 앞에선 속수무책, 인간이란 그어 놓은 선 앞에선 선보다 먼저 휘청거리는 존재, 살 속의 칼도 넙적 베어 물고 마는

너의 품으로

하늘 마주 보며 흐르던 동해 물결
울산바다를 골라 꼬리를 내렸다
명선도가 내 첫눈에 들어
덤벙덤벙 한 달음에 다가갔지만
인물만큼 까탈도 심해 곁을 주지 않았다
아, 기꺼이 가슴 열어 길을 내주는 오늘

졸음 겨운 해가 스르르 잠드는 섬
갯내음이 이끄는 대로 한 바퀴 돌아보니
볕에 그을린 솔향이 달려나온다
짧은 길의 정상은 울산 큰애기 빨래하기 좋아 보인다
그 옛날 백록담 맑은 물에 행주치마 빨았다는 설문대 할망처럼

내게 길을 내준 섬의 속내
결이 다른 블루를 보여주려는 거지
푸른 치마 빨아대 쪽빛 든 잔물결
하늘 닿아 물든 큰 물결
짙푸른 심해 다녀온 여정의 빛이지

바람타지 않는

가만
가만
바람 따라 팔랑이지 말자

지나온 내 그림자 시간저울에 얹어본다
아무리 재어 봐도
사랑보다 미움의 추로 기울어진다
이젠 붉은 홑잎 한 장
미움의 무게에 보태지 말자

부딪치다 구르다 모서리 무뎌지고
끄트머리에 닿은 기억은
끝내 증발하고 패이고 암담히 떨어져
꽃 진자리 얼룩으로 남아

더는 사랑에 분발하지 말자
서두르지 않는 심장 감싸며
바람타지 않는 나를 응원하자

비 오는 아침엔 맥주가 딱

- 나의 캐서린

잠시도 눈 붙이지 않던 폭풍우와 함께 지새운 밤 나의 캐서린은 창가에서 맥주를 홀짝이며 비를 즐기겠지 수화기 너머 목소린 이미 비를 머금었다 방울방울 유리잔에 맺히는 그녀의 심장, 속속들이 다 알진 못해도 이해보다는 공감으로 폭풍을 젖히며 나아가는 내 출근길 걱정하는 속 깊은 한 사람

차가운 맥주 속 뜨거운 유영
쉬 사라지지 않는 생각들
찬 거품으로 틈을 메우지
얼리진 않아 그렇다고 미지근한 건 못 참아
아픈 크기만큼 곪은 상처 그녀만의 온도로 다스리지
폭풍의 언덕에서도
바람에 눕지 않는 풀포기
나는 그녀를 나의 캐서린이라고 부른다

맥주로 낮춘 체온은 다시 뜨거운 맥박으로

내 눈, 시의 눈알로

뜯어보고 찢어보고 뭉뚱그려보고 실눈도 떠보며 세상을 조목조목 마주한다 햇살 한 자락은 오만가지 색으로 쪼개져 한낱 꽃 한 송이 풀 한 포기까지 어루만진다 맑고 흐린 숨소리 높고 낮은 기침 소리 한데 모아 닿은 말 이제 시로 남고 싶은 내 눈은 각이 졌다가 둥글어졌다가 돋보기도 되었다가 깜깜이도 된다 세상 안에서 따뜻한 귀를 열고 정직한 샘에서 내 바닥을 들여다봐야지 책상 위에 먼지로 쌓이는 권태를 팔꿈치로 밀어낸다 삶이 쏟아내는 가볍고 무거운 짐 사뿐히 등에 옮겨 실어야지 소멸해가는 길 위에서 내 숨통 위태롭게 붙잡혀도 잠시 넘기면 내일은 있다 반짝여라 내 눈

애기동백, 서리 동백

서리맞은 만큼 서러워도 좋으리
오도카니 혼자인 만큼 하늘은 더 넓어진다는 걸
고 작은 입에 붉은 잎 하나 빼물고
서툰 발걸음 떼어도 좋으리
서둘지 말고 더디 더디 노래를 들려줘
뒤뜰 작약도 물 올리는 중이고
희고 고운 속살, 봄볕 그을기 싫다며
백목련은 얄미운 날개 접는데
볼 붉은 애기야
흰 눈 위에
아쉬운 한잎 한잎 뜨겁게 새기며
쉬엄쉬엄 그렇게

좀 안되나

핑계 대기 딱 좋을 만큼
두런두런 비가 오네
지금 이 시간 생각나는 것들 마구 말해봐
꿉꿉한 첫사랑 얘기 따윈 빼 버리고
손끝 혀끝 마음끝으로 떠오르는 생각들
딱, 오늘 술안줏거리다
내리는 저 비만큼
술은 내가 살게
아무리 살펴도
첫말 건네기 껄끄러운 뾰족한 턱날
어디로 수작질을 날려볼거나

벗 하나 이웃 하나 사람 하나
그 틈새를 넘나드는 석양 아래
술 익는 냄새들 방황을 한다
몽당숟가락 뚝배기에 터억 걸치고
묵은 김치 쭉쭉 짖어 함께 밥 먹을 사람
먹을 것 없는 냉장고라 타박하며
계란 한 판 쌈 싸서 먹을 사람
한 잔 술에 허튼소리 밥 말아 먹을 사람
비 내리는 오늘 밤
그런 사람 좀 그리워하면 안되나

늦은 저녁에 스미다

곰 두어 마리 등에 올라탈 쯤이면
삭아가는 하루와 낡아가는 어깨
내 피가 말라 줄어드는 만큼
가득히 차오르는 커피

어느새 어제는 그리움으로 오고
정도 안 된 일상은 외로운 소음일 뿐
오지 않을 것 같았던 춘추春秋 라는 놈이 잽싸게 달려온다

일단, 삶은 이겨놓고 볼 일
세세한 사연은 영웅담으로 자서전으로

삭풍에 뒤척이지도 말고
솜이불 속에 머리박고 엔딩 자막 기다리지 말기
생각보다 바른 이별이 와도 공연히 바쁜 척
덤덤히 내일 일기예보 검색하면 되지

달 없는 달집은 타오르고

첫 보름달 기대하며 나선 마실길
달집 끝은 저 홀로 타오르고
강물 담은 눈은 많이도 아려

달 없는 달집은 하늘까지 타오르고
연기 머금은 울적한 바람
야위어진 내 머리칼 한 올 한 올 쓸어댄다

붉은 가슴 휩쓸고 간 연기
회한의 낯빛 감춰봐도
빈들에 머문 너는 곧 타올라 숨은 달에게 갈 테지
끝까지 태워야 그 속을 알지
달 없는 달집은 온전히 혼자 지켜야 함을

부풀었다 이지러지는 달 같은 한 살이
빈 하늘 보고 짖는 우리 쭌이는 내 빈 속을 알까
달 볼 일 없어 그저 서성이는
강변의 저녁 한때

제5부

소소한 하루 詩

소소한 하루 詩

동네 마실길도 산티아고 순례자처럼 걷다가
낡은 운동화 끈 고쳐 매어
카페 모서리에 자리잡고 세상을 두리번거린다
천상으로 오르는 지름길, 천상공원 꽃잔디밭
피레네산맥 야생화처럼 단단도 하지
꽃 가게에서 머문 걸음
제라늄꽃 앞에선 손끝이 딸막거려
창가에 갖다 두면 책이 술술 읽혀질까
길 잃은 간판이름 입안에서 굴려도 보고
낯선 거리처럼 산만한 생각들 따라도 가보고
그린세탁소 꾸러기문방구 cu편의점
익숙한 길을 낯선 표정으로 나와 함께 걷는 푸들
추억 넉넉한 사람이 되어보는 시간

멸치, 털리어야 빛난다

높이 난다, 오월의 하늘
눈부시게 털리어 자유가 된다
아, 바다색은 하늘색과 같았구나
뻔한 것들이 이렇게 새롭구나

억센 그물에 살갗 슬려
깊은 속까지 문드러져
어느 고약한 어부의 술상에 내어져도
오월 하늘 안아본 것 후회하지 않겠어

빨간 고무대야 안
파란 물 뚝뚝 지는 하늘이 내릴 것 같아
바다에 술 한 잔 부어 서로 적셔줄까
거품마저 말라버린 허연 입매
속 보이는 후리소리 말고
뱃전에서 나를 홀리던 끈끈한 네 박자 유행가 틀어놓고

누구 하나 없다고
푸른 바다 비린내 사라지진 않아
오월 하늘 아래 뜨겁게 울었으면 그만이야
올 것은 오고 갈 것은 가야지
열심히 자란다고 고래가 될 순 없는 법

서해 바라기

낮은 바다 위로 쪽빛이 내려앉는다 이 물밑은 내 심경만큼 탁할 줄 알았다 가을 깊어가는 소리에 버석거리던 바다도 발끝을 접는다 어느새, 이국의 코발트빛으로 변심한 서쪽 바다 나처럼 무시로 부서지는 격정의 포말은 없다 저쪽, 물거품 끄트머리에서 익숙한 바람의 맛으로 흔들리는 엄마 어린 동생 젖 먹이던, 가슴골 깊이 고이던 비릿한 살내음 아련한 그리움으로 출렁인다

따가운 가을볕에 달아오른 한낮은, 한소끔 바람에 차분해지고 낡은 커피 자판기가 햇살 같은 커피 한 잔 따끈히 내려놓는다 뜨거움에 잠기며 108계단에 앉는다 내 눈 가득 바다가 담기면서 아지랑이처럼 번뇌들이 풀려나간다 오르는 한 계단, 한 계단을 저녁 해가 밀어 올린다

순서표를 받아들고

마디 굵어진 손가락 사이로 오늘을 쓸어내리면 다시 또 새날이다 인생 백세시대 반환점이라고 세상은 내게 모든 걸 내려놓으란다 내 가진 것 내어놓으라 성화를 대면 손에 쥔 것 못 내놓을 것도 없으련만 가슴에 품은 그것은 어찌하나

마음을 내리는 일, 한 십 년만 해봐라 아직 50년은 더 살아야 하는데 내 다리는 릴레이선수처럼 다음 바통 기다리며 힘줄 세우는데 내 안을 뛰쳐 나오지 못한 것들 펴보지도 못했는데 지금 시작하면 정말 늦는가 도착 여부가 뭐 중요하다고 수명이 늘면 청춘도 늘어나는 줄 알았다 내 얼굴 아직 주름 몇 줄 안 되는데 세상이 정해 놓은 순서표를 순순히 받아들여야 하나

붉은꽃은 고와서 좋고 노란꽃은 설레서 좋은데 이제야 겨우 꽃이 좋아진 나에게 너도 늙는구나 한다 정말 이대로 늙어버려야 하나

봄을 놓아버리다

연두와 초록
다투어 산 끝자락 가로채려 할 때
가지산은 제 그림자 절간에 스밀까 멀찍이 뒷짐지고 서 있다

겹겹이 번뇌 쌓인 이끼도 쉬어가는 길
"석가모니불~석가모니불"
한 걸음 한 걸음 탑돌이로 무한궤도에 이른다
감은 눈 뜨고 보니 보리수 간 곳 없고
저 홀로 붉어진 목단꽃이 눈시울에 머문다
향기도 없는 것이 말도 없는 것이

속세에서 풀어놓은 인연은
한 시절이 지나야 알게 되지
닳은 무릎 젖은 이마, 대웅전 마룻바닥 세월을 닦아왔는가

산그림자는 꽃색에도 붉어지지 않고
물오른 배롱나무에도 스미지 않는다
목단꽃잎 바람에 걱이며 봄날은 가고
내 저문 봄날도, 석남사 비탈길 따라 내려가고 있었다

부었다가 내렸다가

식은 입김은 재미 없어
그렇다고 입안 허물로 데우긴 싫어
딱, 내가 기억하는 그 온도
그 온도로 살아가고 싶어

부었다 다시 내리고
내렸다 다시 붓고
되풀이하는 수고를 경건히 받들어
너에 대한 내 온도 찾아가고 있어

우리,
오래 오래 더디 더디 식기를
토렴*하는 수고를 짐작한다면
그 정도는 가뿐하지
야속하다고 내려버리랴
곱다고 다시 부으랴
온전히 다시 못할 뜨거움
쉬 식지 못할 정

* 밥이나 국수에 뜨거운 국물을 부었다가 따랐다 하여 덥게 함

강가에서 노인의 등을 읽다

낯설어진 시간도 익숙해져
층층이 과거로 메워지고
지나온 세월처럼 또 그렇게 패이고 고인다
도도하게 흐르는 강에 눈길 꽂아
굽이굽이 물길로 내면
풀어갈 이야기는 넘치고 넘쳐 강이 비좁다

강물은 벤치의 오랜 친구처럼
가까이 왔다 저만큼 멀어지려 하고
하루를 의지했던 태양도
각 잡힌 이별의 매무새를 살핀다
굽은 등에 지루함을 포개어 몸집을 불려보지만
숨길 수 없는 야윈 다리 새로 갈잎 하나 틈을 판다
짧고 귀한 해가 저토록 길 수 있다니

야윈 몸 데워주었던 가을볕
아끼고 아껴 또 다음에도 쓸 수 있을까
도통 알 수 없는 눈빛
해를 넘는 갈라지는 숨소리
잦은 기침소리가 저녁 산을 넘는다

이별의 온도는

처음 내디딘 그 길, 그런대로 괜찮았어
잘못 들어선 인연의 길은
살을 깎고 뼈를 분질러대지만
절룩거리는 그 길
그저, 습관처럼 끈인 양 묶여 걷지

숨길 수 없는 재채기처럼
자꾸만 터져 나오는 식어버린 말들
식기만 하면 다행이지
정말 부부는 전생의 원수가 만난 것일까
찻잔에서 내뿜던 그 온김들
모두 어디로 갔을까
뜨거운 순간들을 냉랭히 식혀버린 시간
애틋한 손길로 다시 데워도 보고
품에 안고 더디 식기를 바라기도 하지
곁길로 뻗는 사랑은 차라리 지워버리는 게 낫다
자칫하면 남은 길 영영 잃을 수도 있다

9월은 밭은기침으로 시작되고
가로진 햇살은 내 얼굴에 가라앉는데
조금 남은 우리들의 온기는 시간을 채워야 하지
그리고 일어나서 걸음을 재촉해야 하지

또 다른 봄

- 울산도서관에서

간밤 봄비에 도서관 마당이 살아났다
색을 다시 입힌 하늘, 어제와 다른 새소리 바람소리
지난밤 긴 시샘을 이겨낸 꽃과 나무
네 이름을 google 렌즈로 검색해볼까
내 응원 들리도록 네 이름 크게 불러볼까

삼층 계단은 일층처럼 가볍고
내 눈은 창밖 향한 짝사랑에 한창이다
종합자료실 100 철학 12번 서가
귀하게 만난 論語님께 길을 묻고
나타샤를 사랑했던 시인의 사연도 알고 싶어
귀밑 새파란 신진작가 그 머릿속도 궁금해

도서관을 나서는 내 걸음 도도하게 자란 날
저 산 끄트머리
분홍 한 입, 연두 한 입 베어 물고 나를 기다리는데

익숙한 거리로 가라앉는 신선한 태양은
빈 뱃속 허기를 부르고
나는 죽은 시인처럼 맑은 소주 한 잔 입안에 머금는다

춥다, 여름비

제 몸 한소끔 식힌 빗물은
말간 표정 치어들고
붉은장미 긴장된 근육을 풀어준다
분별없이 타오르던 시간은 식히라고
한 날 두 날 화려한 시간들
촉촉한 기억으로 안아
지지 않는 꽃잎으로 품으라고

거꾸로 스미는 비의 체온
나는 자꾸만 뒷걸음질로 따라가고 싶다

바다, 안개비를 건너다

은백색 풀머리 날아 날아
섬 끝의 불 붙는 등대 들어 올린다
살다 보니 하늘빛이 되어가더라
조곤조곤 바다가 일러준다
그리운 것들 모람모람 뭍으로 민다

검푸른 바다 같은 그리움
자주 닿은 시선마다
바람은 흠집을 남겼다
그 자리 깊숙이 파고드는 굳은살
제 자리인 양 틈새를 지운다

길 눈 캄캄한 어부야
바닷길 성급히 가르지 말아라
그 물살에 무참히 베이어
드러나는 생살에 아린 눈길 고일 줄 몰라
마침표 같은 긴 쉼표 하나
어중간한 안개비 안에 그려놓으면
너는 나를 적시어가고
나는 너를 밝혀가고

범어사 추억길 따라

절간까지는 산모롱이 하나가 남았다 들숨날숨으로 붙드는 어린 손이 촉촉할 때쯤 어머니는 젖은 어린 이마를 면손수건으로 쓸어주셨다 반달눈으로 웃음 건네던 어머니와 나는 범어사 가는 길에서 개울도 만나고 들꽃도 만났다

관세음보살 관세음보살
살다가 힘들면 읊조리라던 어머니
그때의 어머니 나이를 훌쩍 넘어선 나
관세음보살보다는 '어머니' 먼저 주문처럼 찾으며
울컥 부처 닮은 그 모습에 사무친다

금정산 암반송巖盤松이 피워낸 마파람
산 능선 바람결로 훑으며
하늘 끝에 달린 풍경소리로 기억 다듬는
참, 잡념 많은 여자 하나 어르고 어른다

하안거夏安居 마친 젊은 스님
발밑 자갈소리에 걸음을 멈춘다
일주문에 눈을 박고 서 있는 배롱나무꽃
웃음 끝이 환해온다

수천 년을 품 넓은 바위 안고 돌고 돌던 물소리, 흙으로 바람으로 지새우는 어머니를 기억하는지 손수건 적셔 내 목덜미 식혀주시던 옥색 치마 어머니 차마 그립단 짧은 말로는 외람되어 애먼 가슴만 움켜쥡니다

같이 늙어갈까요, 쭌

소소한 일상의 순간들을
좁은 사각 프레임에 자꾸 가두어보는 요즘
몸짓도 눈빛도 자꾸만 기울어간다
아무래도 함께할 시간이 다 되어가는 듯
살다가 솔찬히 보고픔 밀려오는 날
살뜰한 마음끝으로 한 장씩 꺼내어보리
다만, 그날이 더디더디 왔으면

그해 내리던 눈
내 손에 내린 청초한 유월
봄에 사그락거리는 갓 틔운 솜털뭉치
옛날 옛적
장미가 흐드러진 햇살보다 눈부시던 날
못내 꽃 보기 서러운 내 어머니
여섯 딸 낳으시고 퉁퉁 부은 두 눈 어찌하리
시드는 꽃은 내 히스토리에 담고 싶지 않아
늙은 개야, 늙은 쭌아
네 눈에 지금의 나를 담으렴

희부윰 세상이 눈앞에 아른거려도
쭌아, 쭌아 놀라지 마라
풀쩍풀쩍 뛰기 힘들어도
서러워 마라, 우리의 빛바램을

우리 같이 늙어갈까요, 쭌

소박하게 눈부시게

　복순 씨는 어제 그녀의 하나님께 돌아갔다 세상 이름대로 복스럽게 살진 못했지만, 하나님이 주신 권사라는 큰 백을 안고서 완성체로 살았다 수원까지 문상 가는 길은 흡사 그녀의 하늘길을 따라가는 듯 춥고 매웠다

빠른 느린 기차 안
그녀 생각에 금세 손수건이 흥건해지고
푸성귀처럼 소박했던 여든일곱 생애가 젖어든다

복사꽃처럼 곱고도 서러운 열아홉 그녀
육 남매 어린 새끼들
바람 스미는 치마폭 둥지에 감싸 안고
거제 장목항에서 어묵꼬지 팔던 강한 아지매
그 어느 것 하나 그녀가 아닌 것은 없는데

기나긴 세월 돌고 돌아
수원 어느 하늘로 회귀할 때쯤
천사 날개 빌린 그녀는
처음으로 눈부셨다

아, 복순 씨의 복 字는 복사꽃 복 字였구나

여섯 손가락

그 옛날에 이 주사 댁엔 딸이 여섯 걸핏하면 가자미눈에 볼멘소리로 싸움박질 일쑤였지 제 역성 들어달라는 하소연에 난처해진 어머니, 입버릇처럼 말씀하셨지 열 손가락 깨물어 안 아픈 손가락 없다고

여섯 손가락 다 자라다 못해 이제 쪼그라들고 있지 그래도 아직 부러진 손가락은 없는 게 어디냐 주름져 말라가는 손가락들 시절마다 피고 지는 꽃은 놓칠 수 없어 햇빛 쏟아지면 그 속에서 여섯 손가락 하나 되어 빛으로 꽃으로 소녀로 되살아 아웅다웅 그 시절 두 팔 저으며 그리워해

나이를 무릎으로 먹은 손가락들 게걸음으로 계단을 내려다니고 보약과 영양제로 배를 채우고 있어 막내 손가락은 운동으로 다져진 궁둥이가 단단하지만 어느새 늙어가는 손가락 대열 끝에 서 있어

어머니, 느린 걸음으로 순서대로 다가가 손가락 깨물려도 보고 듣기 싫었던 지청구도 실컷 듣고 싶습니다

쪽방촌 선풍기 소리

두 발 딛고 사는 자리
태양과 이토록 가까웠던가

잠을 설친 길은 원점부터 달구어지고
눈 뜬 채 맞는 아침, 에어컨 버튼을 더듬다가
모닝뉴스에서 멈칫거린다

축축한 손부채질에 바람은 날지 못하고
나이 먹은 선풍기 소리는
방 주인 한숨소리를 쏟아낸다
입술에 붙은 밥풀도 무거운 날
쪽방으로 침입한 폭염에 늙은 숨길 타들어 가고
가까스로 무더위 쉼터로 나서는 길
어지럼증이 걸음보다 앞선다

이종란 시집
『네가 봄이라 말하면』 서평

고급 서정으로 낭만의 허기를 달래는 시

이 자 영

고급 서정으로 낭만의 허기를 달래는 시

이자영

(시인·울산대학교 사회교육원 주임교수 역)

시의 역할은 시를 음미하는 감상인에게 시와 한몸이 되도록 거리감의 부재를 조성하는 일이다. 시인의 자질은 시적 자아를 찾아내는 실존적 시어의 부려 씀으로 발현되고 서정의 깊은 맛과 멋으로 실현시키는 정성과 결부된다. 감성과 정취에 영감(inspiration)이 주도적 체험의 실체로 작용하는 서정시(lyric poem)는 흔히 발견하는 객관 세계의 일이나 사건을 모두 자아 속에 흡수하여 내면화하며 주관과 객관의 융합을 추구한다. 자아와 대상 사이의 대립이 없으므로 시인의 언술과 시인 사이의 간격 또한 없다.

서정시의 발단은 그리스의 여류시인 사포(sappho)류類의 리릭니즘(lyricnism, 서사적 주시주의)을 원조로 본다. 시적 서정의 표현은 인류 문화가 선물하는 최고의 자산이며 축복이다. 그러므로 서정시는 인류학적이고 인간적인 흔적이 짙게 깔린 인간의 성정을 토대로 한다. 눈으로는 볼 수 없는 인간의 막연한 정서와 감정을 눈에 보이게 표현해내는 것이 서정의 본령이다.

세상에 대한 무구한 호기심을 지닌 이종란 시인이 첫 시집, 『네가 봄이라 말하면』을 펴낸다. 총 5부로 엮인 이번 시집은 제1부 '오후 네 시', 제2부 '질경이, 바람으로 견뎠다', 제3부 '네가 봄이라 말하면', 제4부 '랩소디 인 가을', 제5부 '소소한 하루 詩' 등 총 77편의 시를 선보이고 있는데 차별화된 감성과 예리한 관찰력으로 사물의 핵심을 포착하여 적절한 은유를 통해 그 발견을 정착시키고 있다.

> 봄은 절 마당 깊숙이 들어앉는다 물허벅, 하늘 향한 고드름의 전설 이미 지난 일로 물비늘 띄우고 요사채 디딤돌 아래 흰민들레 입 다문 채 절간 공기를 살핀다 얼마만큼 깊은지 알 수 없는 골짜기를 돌고 돌아온 단물 한 모금, 내 입 헹궈 세상에게 퍼부었던 부끄러운 저주를 씻어본다 하늘 한 번 올려다보고 땅 한 번 내려다보며 지은 죄 쪼르르 흘려보낸다 그리고 수각 안에 고인 너를 다시 생각해낸다 억겁의 시간이 그루잠처럼 인연 타래 묶었지 굳은 발 아래 기죽지 않는 물, 가시눈길 여전하겠지만 그래도 자비와 인내로 또 흘러가야 할 시간이 남았다
>
> -「수각水閣 안에 봄」 전문

산문시로 쓰여진 주정적主情的 감성과 상념의 시적 미학이

돋보이는 시편이다. 시는 인간 정신의 총체적 반영이며 정갈한 영혼의 결이 응집된 철학과 사유의 총합체이다.

어느 봄날 시인은 절 마당 한 쪽에 자리한 수각을 만난다. '얼마만큼 깊은지 알 수 없는 골짜기를 돌고 돌아온 단물 한 모금'으로 '내 입 헹궈 세상에게 퍼부었던 부끄러운 저주를 씻'으며 지난날을 반추한다. 시적 대상이 된 '수각'을 성찰과 자각의 매개체로 환치하여 시적 자아가 지닌 감성을 고취하고 있다. 거기에다 '수각 안에 고인' 타인들을 생각해내며 '억겁의 시간이 그루잠처럼 인연 타래 묶'여가며 살아가는 삶의 진리를 재인식하고 '그래도 자비와 인내로 또 흘러가야 할 시간'임을 유념하며 다독이고 추스르며 임해야 할 삶의 행보를 다짐두고 있다.

독한 첫 잔은 약이다
홀빈한 등짝에 불이 붙어
오히려 활화산처럼 후련하다
참 독한 약, 참 시원한 불
뱃속 깊은 곳에서
빈 슬픔이 차오른다

독도 약도 되지 않는 그저 그런 삶
그래도 견디기 힘든 순간은 있어
마시지도 토하지도 못한다
하마 삭았을까

꺼내어 놓으면 심장 저 아래가 쓰리다
술은 나 대신 울다가 울다가

가스 밑바닥까지 바삭거리다가
이런저런 감정들 드레질을 해 보다가
꺼내는 한 몸이 되고 만다
술 같은 물, 약 같은 술
너로 하여 나 살 수 있었다.

-「술. 약. 불」 전문

시적 화자는 술과 약과 불을 시적 상관물로 사용하면서 그것들을 동일 선상에 놓고 삶의 무게와 페이소스(pathos)를 슬몃슬몃 건드리고 있다.

'독한 첫 잔은 약이다 / 훌빈한 등짝에 불이 붙어 / 오히려 활화산처럼 후련'하지만 '뼛속 깊은 곳에서 / 빈 슬픔이 차오른다' 기쁠 때 마시는 술과 슬플 때 마시는 술은 그 농도도 맛도 효과도 다르다. 다만 슬플 때 마시는 술은 이렇게 시가 된다는 사실은 귀한 진리가 아닐까 싶다. 세상만사 잊어버리는 데는 술보다 나은 것이 없다는 '한유'의 破除萬事無過酒(파제만사무과주)의 시구가 스치고 백 가지 약 중, 으뜸이 술이라며 '百藥之長'을 외치던 '왕망'의 목소리도 들려온다. '술은 나 대신 울다가' '가슴 밑바닥까지 바삭거리다가' '끝내는 한몸이 되'어 이렇듯 훌륭한 시 한 편을 손에 쥐어준다.

지금, 계절은 오후 네 시
뜨겁게 들썩이던 레게리듬이 낮아져 가면
여기저기 한눈팔며 느린 눈빛으로 걷고 싶다
해바라기, 햇살 안고 무른 자리
수직으로 눈빛 떨구어 빼곡한 눈물 머금는다
흩어지는 가을색 아래 무안해지는 정오의 햇살
흰머리 성성한 이발소 액자로 피어나고

어느덧 나도
오후 네 시쯤이 되어
복숭아 뺨도 입술도 말수를 줄이고 있다
두근두근 꽃피는 봄도 좋더라만
훨훨 가벼워지는 지금도 그리 나쁘지는 않아
지친 꽃이 끝숨으로 향내를 내뱉고
변절한 갈대가 곳곳을 애무해도
쉬, 뜨거워지지 않는 시각
갈대의 변심, 조금도 야속지 않아
꺾이지 않을 만큼만 제 속을 비워
가장 멋진 모습으로 흔들리는
저 영악함이 너무 사랑스러워
오후 네 시의 그대는
붉고 뜨겁지 않아서
눈이 부시지 않아서 더 눈부시다는 것을

-「오후 네 시」 전문

이종란의 시에서는 '시간'이 종종 시적 배경으로 등장하여 중요한 역할을 하고 있다. 이른바 시간의 공간화 기법이 시적 효과를 드높이고 있는데 「시월 운곡서원」, 「그날, 12월 12일」, 「주절거리다, 짧은 봄」, 「이별의 온도는」, 「血같은 실을 뽑아」, 「천천히 느긋이」, 「어깨는 기울어도」, 「멸치, 털리어야 빛난다」 등의 여러 시편을 들 수 있겠다.

시적 화자의 '오후 네 시'는 단순한 시간 개념을 뛰어넘는다 '지금, 계절은 오후 네 시', '어느덧 나도 오후 네 시쯤이 되어' '쉬 뜨거워지지 않'을 수도 있고 '꺾이지 않을 만큼만 제 속을 비워' 변심하는 갈대를 봐도 조금도 야속하지 않을 만큼 초월의 세계관을 습득하게 되는 계기를 마련한다. 시간의 공간화 기법을 통한 자기 암시를 절묘하게 다루는 시적 기술이 돋보인다.

> 높이 난다, 오월의 하늘
> 눈부시게 털리어 자유가 된다
> 아, 바다색은 하늘색과 같았구나
> 뻔한 것들이 이렇게 새롭구나
>
> 억센 그물에 살갗 슬려
> 깊은 속까지 문드러져
> 어느 고약한 어부의 술상에 내어져도
> 오월 하늘 안아본 것 후회하지 않겠어

빨간 고무대야 안
파란 물 뚝뚝 지는 하늘이 내릴 것 같아
바다에 술 한 잔 부어 서로 적셔줄까
거품마저 말라버린 허연 입매
속 보이는 후리소리 말고
뱃전에서 나를 홀리던 끈끈한 네 박자 유행가 틀어놓고

누구 하나 없다고
푸른 바다 비린내 사라지진 않아
오월 하늘 아래 뜨겁게 울었으면 그만이야
올 것은 오고 갈 것은 가야지
열심히 자란다고 고래가 될 순 없는 법

-「멸치, 털리어야 빛난다」 전문

저녁놀처럼 굽은 등이 물결져오면
내 안에 묵어 얽힌 것들
살살이 풀어놓지
녹록치 않은 바람
포기마다 엮으며 견뎌온 시간들

헤매다 부르다
두고 간 빈 들길
소리 숨긴 널
허리 굽혀 안곤 했지

오가는 무수한 발들
잔인해서 더 깊이 품었다
밟힘도 발자국도 시원하다고
네가 힘들면 나를 치받으라고
나 지치면 네게 안길 거라고
죽을 듯 가슴이 아파와도
가만 가만 낮게 더 낮게

담담한 민낯으로
내일이면 다시 눈 홉뜨고
어제 그 자리 또다시 지키고 있지

-「질경이, 바람으로 견뎠다」 전문

시인이 만나는 세상은 삶의 도정에 감당해온 시간이 길고 깊었음을 은유한다. 동물군으로 분류되는 '멸치'와 식물군으로 분류되는 '질경이'란 시적 대상에 존재의 처소를 마련하여 스스로 대적하는 자세를 빌려 시적 화자는 자신과의 조우를 꾀하고 있다.

'높이 난다, 오월의 하늘 / 눈부시게 털리어 자유가 된다' '깊은 속까지 문드러져 / 어느 고약한 어부의 술상에 내어져도 / 오월 하늘 안아본 것 후회하지 않겠어' '저녁 놀처럼 굽은 등이 물결져 오면 / 내 안에 묵어 얽힌 것들 / 살살이 풀어놓지' '오가는 무수한 발들 / 잔인해서 더 깊이 품었다' 시의 치유적 효용성을 적극적으로 수용하는 화자의 의지와 삶의 태도가 엿보이는 대목이다. 하루도 녹록지 않은 우리네 삶, 수없는 발들에 짓밟히고 짓이기어지는 가슴을 안고 '밟힘도 발자국도 시원하다'며 너스레를 떨기도 하고 '네가 힘들면 나를 치받으라' 거들먹거리기도 하면서 그렇게 우리는 또 '내일이면 다시 눈 홉뜨고 / 어제 그 자리 또다시 지키'며 살아가고 있는 것이다.

식은 입김은 재미 없어
그렇다고 입안 허물로 데우긴 싫어
딱, 내가 기억하는 그 온도
그 온도로 살아가고 싶어

부었다 다시 내리고
내렸다 다시 붓고
되풀이하는 수고를 경건히 받들어
너에 대한 내 온도 찾아가고 있어

우리,
오래 오래 더디 더디 식기를
토렴하는 수고를 짐작한다면
그 정도는 가뿐하지
약속하다고 내려버리랴
곱다고 다시 부으랴

온전히 다시 못할 뜨거움
쉬 식지 못할 정

-「부었다가 내렸다가」 전문

덜 여문 어둠이 문을 열고 들어와 텔레비전을 켠다 저녁에는 뭘 먹나 제주바다 유영하던 힘찬 대방어 짠물 튕기며 화면을 뛰쳐나온다 횡성한우 블링블링 선홍빛 참숯 위에 등 지지고 누웠다 텔레비전 앞에 밥상 펴고 앉는 빈한한 내 저녁식사, 저 잘났다고 머리 쳐든 팔도의 음식들이 달려온다 그 옛날 자린고비 잘 차려진 밥상 한 번 보고 밥 한 술, 나는 펄떡거리는 화면 한 번 보고 한 술

어느새 열린 마음 틈새로 과분한 철학이 들어와 앉는다 사람은 무엇으로 사는가 부른 배를 퉁퉁 두들겨도 가슴은 허하다 그 넓고 깊은 허기짐과 눈을 맞추는 시간, 밥으로 채워지지 않는 먼 공간, 사람은 그 흔하디흔한 사랑으로 산다 진수성찬으로 배부른 나는 시집을 뒤적이다가 오래된 소설을 뒤적이다가 끝내는 휴대폰으로 그리운 이들을 만나러 떠난다 프로필 사진도 보고 SNS에서 그들의 근황도 엿본다 내 저녁 루틴으로 자리잡는 일상, 보지 않아도 안지 않아도 그저 바라만 보는 것으로 배부른 사랑이다

-「마주 앉은 철학 하나」 전문

시적 세계는 시의 본질과 시작詩作의 원리 체계를 재인식할 수 있는 정신세계를 갖추는 것이다. 위 두 편의 시도 안으로 한없이 깊어지는 사유의 세계를 적절한 상징과 이미지로 표현하고 있다.

르네 웰렉은 그의 저서 『문학의 이론』에서 객관적인 시인과 주관적인 시인의 두 유형을 제시하고 있는데 주관적 성향이 강한 시인의 시는 스스로의 고백을 뱉어낸 결과물에 지나지 않는다고 했다. 그래서 시인의 체질이나 심성이 작품 그 자체이며 자기의 삶이 문학적 세계관 자체라고 갈파한다.

이종란 역시 그의 사람됨과 삶의 방향이 시작품과 유기적으로 합일되어 맑고 투명한 문학정신을 보여주고 있다. 그의 삶은 '부었다 다시 내리고 / 내렸다 다시 부으며' '너에 대한 내 온도 찾아가고 있'는 경건히 되풀이되는 삶이다. 시인이 바라는 건 단 하나 '오래 오래 더디 더디 식'어 가는 것. 그는 마침내 저녁 밥상머리에서 '마주 앉은 철학 하나'를 발견한다. '대방어 짠물 튕기며 화면을 뛰쳐나' 오고 '횡성한우 블링블링 선홍빛 참숯 위에 등 지지고 누웠' 지만 TV 앞에 오두마니 밥상 펴고 앉은 자신의 식사는 빈한하기만 하다. '그 넓고 깊은 허기짐과 눈을 맞추' 며 '밥으로 채워지지 않는 먼 공간'을 배회하다 결국 그리운 이들을 만나러 휴대폰 속으로 떠난다. '프로필 사진도 보고 SNS에서 그들의 근황도 엿보' 며 한껏 포만해진 사랑으로 허기를 달랜다.

아른거리는 기억으로 걸어온다
그 옛날 어린 아들의 첫걸음마

아지랑이 같던 날 다신 없겠지만
네겐 언제나 봄날 같은 너
소소리바람 매섭다고 무릎담요 찾진 않아

냉동밥으로 삼각김밥으로
워킹맘을 핑계 삼아온 시간들
왕소금 한 줌 뿌린 듯 쓰린 가슴 여전한데

이른 봄에 움츠리는 여린 생명 되지 말기를
가만가만 눈길 주는 게 이제 내 몫이라는데
그래 네가 봄이라고 하면
화사한 미소 한 김 뿜어내면
그냥 봄이다

-「네가 봄이라 말하면」 전문

위 시는 표제가 된 우수한 시평이다. 안정된 시의 형식과 함께 서정시의 완숙한 맛을 가득 머금어 한 편의 시 속에 주제를 담아내는 언어 구사력이 뛰어나다. 이종란이 지니고 있는 시의 가슴을 여지없이 표출하는 솜씨가 탁월하다.

'냉동밥으로 삼각김밥으로 / 워킹맘을 핑계 삼아온 시간들 / 왕소금 한 줌 뿌린 듯 쓰린 가슴 여전한데' 이 대목에서

이 땅의 위킹맘들은 일제히 울컥해질 것이다. '아른거리는 기억으로 걸어오'는 '그 옛날 어린 아들의 첫 걸음마'를 더듬어내며 눈 시울이 뜨거워지는 공감 세계에 흠뻑 빠지고 만다.

'아지랑이 같던 날 다신 없겠지만/ 내겐 언제나 봄날 같은' 우리들의 너는 제각기 무성히도 자라 어느덧 어미 품을 훌훌 떠나고 있다. 우리들의 몫은 말없이 '가만 가만 눈길 주는' 일 뿐 '네가 봄이라고 하면'서 화사히 웃으면 이 세상 모든 것이 그저 흔감해져 이 땅의 어미들은 '그냥 봄'일 뿐인데, 마냥 봄일 뿐인데.

쉬운 언어로 독자들을 불러 앉혀 시의 생명력인 '공감 세계'로 견인하는 시적 기술이 탁월하다.

> 동네 마실길도 산티아고 순례자처럼 걷다가
> 낡은 운동화 끈 고쳐 매어
> 카페 모서리에 자리잡고 세상을 두리번거린다
> 천상으로 오르는 지름길, 천상공원 꽃잔디밭
> 피레네산맥 야생화처럼 단단도 하지
> 꽃 가게에서 머문 걸음
> 제라늄꽃 앞에선 손끝이 딸막거려
> 창가에 갖다 두면 책이 술술 읽혀질까
> 길 잃은 간판이름 입안에서 굴려도 보고
> 낯선 거리처럼 산만한 생각들 따라도 가보고

그린세탁소 꾸러기문방구 cu편의점
익숙한 길을 낯선 표정으로 나와 함께 걷는 푸들
추억 넉넉한 사람이 되어보는 시간

-「소소한 하루 詩」 전문

으레 낭만적 요소는 시의 원류源流가 된다. 그럼에도 오늘날의 현대시는 낭만의 부재로 가고 있는 기 현상에 직면하고 있다. 지나치게 길고 장황하여 난삽難澁한 기형적인 시들이 모더니즘을 표방하고 소소한 일상의 경험과 정서를 일기처럼 나열하면서 서정시라 고집하는 시적 현실이 애달프기 짝이 없다.

이종란의 시에는 낭만이 살아 있다. 고급 서정으로 낭만의 허기를 달래는 시편들이 수두룩하다. 「소소한 하루 시詩」도 그 중 큰 자리를 차지하고 있는데 결코 소소하지 않은 일상을 소소하다고 시침떼는 기법 속에 낭만적 요소가 다분히 스며 있다.

뜯어보고 찢어보고 뭉뚱그려보고 실눈도 떠보며
세상을 조목조목 마주한다 햇살 한 자락은 오만가지
색으로 쪼개져 한낱 꽃 한 송이 풀 한 포기까지 어루
만진다 맑고 흐린 숨소리 높고 낮은 기침 소리 한데
모아 닿은 말 이제 시로 남고 싶은 내 눈은 각이 졌다
가 둥글어졌다가 돋보기도 되었다가 깜깜이도 된다

세상 안에서 따뜻한 귀를 열고 정직한 샘에서 내 바닥을 들여다봐야지 책상 위에 먼지로 쌓이는 권태를 팔꿈치로 밀어낸다 삶이 쏟아내는 가볍고 무거운 짐 사뿐히 등에 옮겨 실어야지 소멸해가는 길 위에서 내 숨통 위태롭게 붙잡혀도 잠시 넘기면 내일은 있다 반짝여라 내 눈

-「내 눈, 시의 눈알로」 전문

인간의 모든 영역은 유기적·상보적 관계를 갖는다. 시적 화자의 주관적인 사상이 다소 배제된 제3자의 입장에서 사물의 현상을 바라보는 시선을 '관조'라 한다면 '응시'는 화자의 내면적 사고가 녹여진 시선이라 할 수 있다.

이종란은 응시의 눈에 많이 기울어져 있는 시인이다. 그리하여 시인은 '뜯어보고 찢어보고 뭉뚱그려보고 실눈도 떠보며 세상을 조목조목 마주하'기로 한다. '오만가지 색으로 쪼개져 한낱 꽃 한 송이 풀 한 포기까지 어루만지'는 햇살 한 자락도 예사로 지나칠 수 없다. '맑고 흐린 숨소리 높고 낮은 기침소리 한데 모아 닿은' 세상의 모든 말들을 시로 남기겠다는 무언의 다짐을 한다. '따뜻한 귀를 열고 정직한 샘에서 내 바닥을 봐야지' '삶이 쏟아내는 가볍고 무거운 짐 사뿐히 등에 옮겨 실어야지' 야무진 다짐과 함께 시인은 끊임없이 자신에게 최면을 건다. '내 숨통 위태롭게 붙잡혀도' '내일은 있다 반짝여라 내 눈' 시들지 않고 잠들지 않는 시인의 눈이

사방을 깨우고 있다.

사라져 가는 낭만의 잎새들을 긁어모아 풍요로운 시의 채마밭을 일군 이종란을 읽었다.

사유의 본령을 새롭게 조명함으로써 미적 효과를 추구하는 것이 문학의 본류라면 시적 화자가 지닌 삶의 철학으로 깨달음을 안겨주는 것이 서정시학의 주된 총합이라 할 수 있겠다.

이종란의 시편에서는 서정시의 가치와 메시지를 명확하게 전달하려는 의도가 다분히 보인다. 시적 공간에 시인의 생각과 느낌을 효과적으로 이미지화 하여 언어의 미학적 기능을 잘 드러나게 하는 열정이 곳곳에 산재해 있다.

좀 더 정성을 쏟은 문장 강화에 이종란 특유의 잠재된 낭만적 기량이 곁들여진다면 향후 더욱 튼실한 시의 앞날이 보장되리라 믿어 의심치 않는다.

'시는 진실을 압축하는 작업이다'

에밀리 디킨슨의 짧고 굵은 한 마디를 전하며 시인의 앞날에 시들지 않는 시의 향기가 그득하기를 빌어본다.

네가 봄이라 말하면

초판1쇄 발행 2024년 8월 30일

지 은 이 이종란
펴 낸 이 이길안
펴 낸 곳 세종출판사

주소 부산광역시 중구 흑교로 71번길 12 (보수동2가)
전화 051－463－5898, 253－2213~5
팩스 051－248－4880
전자우편 sjpl5898@daum.net

출판등록 제02-01-96

ISBN 979-11-5979-695-1 03810

정가 12,000원